Lesen lernen mit Pferden und Ponys

Die schönsten Lesebildergeschichten für den ersten Leseerfolg

gondolino

ISBN 978-3-8112-3505-2
1. Auflage 2019
© für diese Ausgabe: gondolino GmbH, Bindlach 2019
Umschlagillustration: Heike Wiechmann
Umschlaggestaltung: Vanessa Braun
Texte: Christine Raudies, Julia Boehme, Christiane Wittenburg, Lydia Hauenschild
Illustrationen: Eva Spanjardt, Ines Rarisch, Petra Theissen, Astrid Vohwinkel
Printed in the EU

Der Umwelt zuliebe gedruckt auf chlorfrei gebleichtem Papier.

www.gondolino.de

Inhalt

Ponys suchen Abenteuer

Komm, wir spielen Zirkus!

Das  Lu grast auf der .

Jana und Suse schauen ihm zu.

„Ich weiß was!", ruft Jana plötzlich.

„Wir spielen !" Die

flechten dem bunte

in die . „Ich will die

sein!", ruft Jana.

Sie schwingt sich auf Lus 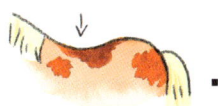 .

„Abgemacht", sagt Suse, „dann bin

ich der   . Hoch verehrte

 !", ruft sie den 🐑🐑 zu,

die nebenan grasen.

„Sehen Sie nun die schöne

 Jana und ihr edles  Lu."

Lu trabt brav um Suse herum. Suse

knallt mit der  .

„Jetzt", brüllt Suse den  zu,

„sehen Sie, wie die waghalsige

 auf dem 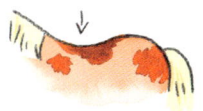 ihres

einen  macht!" Jana runzelt

die   .

Aber sie kann es ja versuchen. Sie

hält Lu an. Ganz langsam stellt sie

sich auf den  des . Das

ist ganz schön hoch! Aber Lu hält still.

Jetzt schwingt sich Jana auf ihre

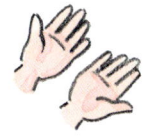 . Ganz kurz steht sie auf ihren

 , dann kippt sie über und

landet etwas unsanft auf der  .

„Werte  !", ruft Suse.

„Sie sahen den unglaublichen

von   Jana auf ihrem edlen

 Lu!"

Lachend verbeugen sich die

 vor den . Die sind

bestimmt schon lange nicht mehr

so gut unterhalten worden!

Floßfahrt mit Ponys

Es ist sehr heiß. Finn und Jan sind unterwegs mit ihren 🐴 Troll und Bine. An einem kleinen 🌊 halten sie an. Eine 🌉 ist nicht zu sehen. Aber unter einem 🌳 entdecken sie ein altes 🪵 . „Damit können wir rüberfahren", sagt Finn.

Jan tippt sich an den  . „Du hast

wohl nicht alle  im  “,

meint er. Aber Finn lässt sich nicht

aufhalten. „Komm schon", ruft er,

„bring die  her!"

Also holt Jan die  und die

 führen sie auf das  .

Mit ein paar  stoßen sie sich ab.

Es schwankt ziemlich doll.

Den  gefällt das gar nicht.

Sie scharren nervös mit den  .

Und selbst Finn ist ein bisschen

mulmig. Da summt eine   um

Trolls  .

Das  schüttelt sich und das

 beginnt heftig zu schaukeln.

Die  schreien, die 🐴 wiehern. Alle fallen durcheinander

und liegen dann im 🌳 .

Finn kommt zuerst wieder hoch und

sieht sich nach Jan und den

um. „ gehabt", prustet er. „Der

 ist überhaupt nicht tief!"

„Da hätten wir auch gleich zu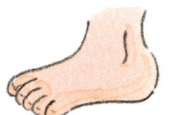

gehen können", mault Jan. Aber

Finn lacht nur. „ drüber!", ruft

er. „Guck lieber mal, was die

machen!"

Jan staunt nicht schlecht. Die

wälzen sich vergnügt im  .

Sie sind froh, dass sie sich endlich

abkühlen können.

Greta, das Zirkuspony

Traurig späht Greta in die  .

Zu gerne möchte das kleine

auch einmal im  auftreten.

Aber der  findet Greta nicht

hübsch genug. Gretas  sind

nämlich etwas krumm geraten.

Deshalb darf sie nur zugucken.

Gerade sind die  dran.

Da brüllt auf einmal  Luis.

Er wartet in seinem  darauf,

dass er auftreten kann. Erschrocken

stürmt das  los.

Und plötzlich steht Greta mitten

in der  . Das  will

weglaufen, aber es stolpert über

seine  und poltert direkt gegen

den dicken  Berti.

Berti fällt um und landet mit seinem

 in einem  , der in der

 steht. Das sieht lustig aus.

Die  lachen begeistert.

Verlegen versucht Greta, den

am   hochzuziehen, aber sie

schafft es nicht. Da stürmen die

anderen  herbei.

Einer packt Greta am  .

Der zweite  hängt sich

hintendran und der dritte

zerrt dem zweiten am  .

„Hau ruck!" schreien die

und ziehen an dem kleinen  .

Die  müssen schrecklich

lachen. Da kommt Berti frei.

Greta und die  purzeln

durcheinander. Die

klatschen begeistert in die  .

Berti verbeugt sich höflich und klopft

Greta freundschaftlich den  .

Die  jubeln dem   zu.

Auch der  ist erstaunt:

So haben die noch nie

gelacht! Gleich verkündet er,

dass das kleine  Greta

ab jetzt immer mit den

auftreten soll. Von da an ist Greta

nie mehr traurig, denn sie darf

jetzt endlich selbst ein  im

 sein.

Die Wörter zu den Bildern:

 Pony

 Zirkusdirektor

 Weide

 Zuschauer

 Zirkus

 Schafe

 Mädchen

 Peitsche

 Schleifen

 Handstand

 Mähne

 Stirn

 Zirkusprinzessin

 Hände

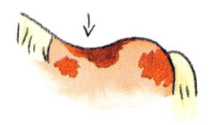 Rücken

 Ponys

 Fluss

 Hufe

 Brücke

 Biene

 Baum

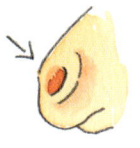 Nase

 Floß

 Schwein

 Kopf

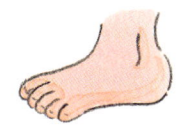 Fuß

 Tassen

 Schwamm

 Schrank

 Manege

 Jungen

 Beine

 Stöcke

 Clowns

 Tiger

 Kragen

 Käfig

 Schweif

 Clown

 Arm

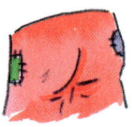 Hinterteil

 Hals

 Eimer

Mit Lotta auf dem Ponyhof

Lotta liebt  über alles. Von

allen  aber hat sie Paul

am liebsten. Paul ist nämlich Lottas

eigenes . Leider wohnt er

nicht bei Lotta im . Obwohl

Lotta gerne mit Paul ihr

und abends ihr  teilen würde.

Aber Lottas  und selbst der

 sind viel zu klein für ein .

Also hat Paul einen eigenen

im  . Lotta besucht ihn täglich.

„Hallo, Paul!", ruft Lotta vom

aus. Ihre  und  hat sie

schon an. Paul guckt neugierig aus

seiner  und wiehert Lotta

fröhlich zu.

Paul hat eine zottelige braune

 , einen schwarzen

und lauter bunte  auf seinem

weißen  .

„Du bist das schönste

der  !", flüstert Lotta Paul ins

 und streichelt ihm sanft über

seine weiche  .

Lotta putzt und striegelt ihr

wie immer. Sie kratzt ihm die

aus. Vorsichtig kämmt sie die

und bindet Paul bunte  ins

 . Paul schüttelt ungeduldig

den   . „Wir machen doch

heute ein  !", verrät Lotta.

„Willst du da nicht besonders

hübsch aussehen?" Paul spitzt die

  : Ein  ? Sofort lässt

er sich geduldig die  in die

 flechten.

Lotta legt Paul den  auf und

bindet den um seinen  .

Dann setzt sie sich ihre schwarze

 auf. Fertig! Draußen vor dem

 trifft sie Leo, Jule und die

anderen   vom  . Alle

kommen mit zum großen  .

Die  scharren schon ganz

ungeduldig mit ihren 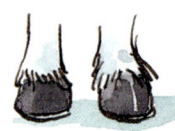 , als

die  endlich ruft: „Aufsitzen!

Wir reiten los!" Darauf haben alle

 gewartet. Lotta stellt ihren

 in den  und schwingt sich

auf den 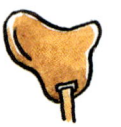 .

Mit ihren  drückt sie kurz

gegen Pauls . Das heißt:

„Los geht's, Paul!" Die

reiten auf dem  durch das

große  an  und

 vorbei. Lotta kichert, als

sich ein gelber  auf Pauls

setzt. Bestimmt hält er die bunten

 in der  für  !

49

Hinter dem  ist der

schon zu sehen. Dort am

wollen die  picknicken.

Lotta galoppiert mit Paul los:

„Wer zuerst da ist!" Leo und Jule

jagen mit ihren  hinterher.

Aber Lotta und Paul kann keiner

mehr einholen.

Am  dürfen Paul und die

anderen  trinken. Dann

führen die  ihre

auf eine  . Hier gibt es

genug  und  zu fressen.

Die  ziehen ihre  aus

und planschen mit nackten

im  . Hurra, da kommt ja der

alte Lars mit der  .

Er bringt alles mit, was man für ein

schönes  braucht! Die

 breiten die großen

aus und verteilen  und  .

Es gibt bunten  , frisches  ,

hart gekochte  , belegte

und danach noch  . Ist das

lecker! Lotta hat Paul natürlich

nicht vergessen. Sie geht zur  ,

um ihm eine  vom

zu bringen.

Doch ihr  ist nicht da.

Lotta rutscht das  in die  :

Paul ist spurlos verschwunden!

Und auch Leos  , die dicke

Lene, ist einfach weg.

Sofort helfen alle  dabei,

die  zu suchen.

Sie schauen hinter jeden

und jeden  und suchen am

 des  .

„Was, wenn wir die  nicht

wiederfinden?", schluchzt Lotta.

Leo nimmt Lottas  .

„Sicher sind sie schon nach

zum  gelaufen!", tröstet er

Lotta. Lotta zieht schniefend die

hoch. „Hoffentlich!", flüstert sie.

Da hört sie plötzlich ein

wiehern. „Das ist Paul!", jubelt

Lotta. Tatsächlich: Hinter dem

 , unter den  stehen

ganz vergnügt beide  .

„Lene, Paul!" Sofort laufen die

 zu ihren  .

Lotta fällt Paul glücklich um

den  . Er stupst sie fröhlich

mit der  an, als wollte er sagen:

„Da bist du ja endlich!"

Leo krault seiner Lene zärtlich

den  und die  .

„Die beiden  sind wieder

da!" Alle  freuen sich mit.

Selbst die  klatscht erleichert

in die 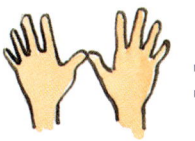 :

„Dann ist ja alles gut!"

„Du wolltest doch nicht wirklich

weglaufen?", fragt Lotta ihr  .

Paul schüttelt den .

Unter den  im  liegen

lauter saftige .

Mit seiner  rollt Paul Lotta einen

 vor die . Dann beißt er

selber in einen und sieht sehr

zufrieden dabei aus.

„Aha, jetzt weiß ich auch, warum

unsere  ausgebüxt sind!",

lacht Lotta fröhlich. „Sie wollten

hier mit den leckeren  ihr

eigenes  machen.

Ein  für  !"

Die Wörter zu den Bildern:

 Pony

 Reithose

 Haus

 Reitstiefel

 Kinderzimmer

 Box

 Bett

 Mähne

 Garten

 Schweif

 Stall

 Flecken

 Ponyhof

 Bauch

 Fahrrad

 Welt

 Ohr

 Reitkappe

 Schnauze

 Kinder

 Hufe

 Reitlehrerin

 Schleifen

 Fuß

 Haar

 Steigbügel

 Kopf

 Beine

 Picknick

 Reitweg

 Sattel

 Gatter

 Gurt

 Bäume

 Felder

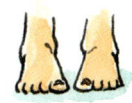 Füße

 Schmetterling

 Ponykutsche

 Blumen

 Decken

 Hügel

 Teller

 See

 Becher

 Ufer

 Salat

 Wiese

 Obst

 Gras

 Eier

 Klee

 Brote

 Kuchen

 Nase

 Möhre

 Apfelbäume

 Herz

 Hals

 Hose

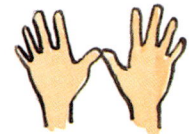 Hände

 Busch

 Äpfel

 Baum

 Apfel

 Hand

Pferdeglück

Das erste Mal im Sattel

„Ich fühl mich wie ein  !",

meint Sina.

„Greif einfach vorne in die  ,

dann sitzt du sicherer", sagt die

 . Tatsächlich fühlt sich

Sina mit der  in der

wohler.

„Nun versuchen wir mal zu traben",

schlägt die   vor. Sina rutscht

das  in die   . Na, hoffentlich

zischt ihr  nicht gleich ab wie

eine   .

Die  bemerkt Sinas

ängstliches .

„Das schaffst du. Halt dich gut fest

und drück die an den

", sagt sie.

Sina umklammert die  noch

fester und los geht's.

Aber schnell beginnt Sina zu

rutschen. Sie verliert die und

plumpst in den .

„Hast du dir wehgetan?", fragt die

besorgt.

Sina schüttelt den . „Alles in

 ", meint sie.

Auch das  kommt gleich

angelaufen und stupst Sina mit

seiner  an. Mutig steigt Sina

sofort wieder in den 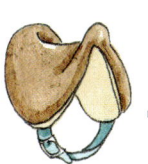 .

„Versuch es gleich noch mal",

sagt die . Sina atmet tief ein.

Dann drückt sie die  erneut

gegen den .

Und diesmal klappt es.

Sina strahlt bis über beide  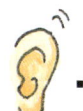 .

„So, das war's für heute",

sagt die  schließlich. „Morgen

üben wir das gleich noch einmal.

Aber dann, ohne in den

zu plumpsen."

Sina lacht und nickt mit dem  .

„Ganz bestimmt!" sagt sie.

Sie steigt aus dem 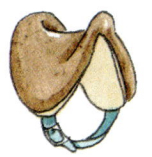 .

Dann krault sie ihr  an

der  und führt es müde,

aber glücklich zurück in den  .

Morgen wird die  richtig

zufrieden sein, da ist Sina sicher.

Filmstar mit Flecken

Heute soll der berühmte Pauli

Polster in den  kommen. Er

will ein  für seinen neuen

auswählen. Die schöne Bella

klimpert keck mit den .

„Es ist doch wohl klar, dass ich in

dem  mitspiele."

„Musst du immer so angeben?",

fragt Pedro genervt und verdreht

die  .

„Na, du mit deinem hässlichen

gefleckten  darfst sicher nicht

mitspielen", spottet Bella.

Pedro lässt den  hängen.

Er wäre doch so gern beim  ...

Aber es stimmt leider, mit seinen

vielen  sieht er aus wie

eine   .

Doch als Pauli Polster den

betritt, geht er direkt auf Pedro zu.

„Mit deinen vielen  bist du

genau richtig für meinen .

So sahen die  der  aus.

Du wirst einen  auf deinem

 tragen", sagt Pauli

begeistert. Pedro traut seinen

kaum. Er wird tatsächlich vor der

 stehen.

Als Pauli Polster den  verlassen hat, reißt Bella sofort

wieder ihr  auf:

„Mit  hab ich sowieso nicht

viel am . Die sind mir viel zu

wild", erklärt sie abfällig.

Aber was Bella sagt, ist Pedro

nun egal. Ab morgen wird er einen

 tragen. Und das hat er nur

seinen  zu verdanken, die

er jetzt gar nicht mehr so hässlich

findet.

Was für ein dickes Pferd

Endlich sind sie da und Papa biegt

auf den ein.

„Da sind ja schon die !", freut

sich Anna. Ein braunes wird

gerade zum geführt.

„Na, das ist aber ein ganz schön

dicker ", lacht Papa.

„Wie willst du den denn reiten?

Da passen deine  ja gar

nicht drum."

Anna findet es gemein, was Papa

über das  gesagt hat.

Aber der  sieht wirklich aus

wie eine  . Hat das

vielleicht zu viel gefressen?

Nachdem die  ausgepackt

sind, geht Anna gleich zum  .

Vorsichtig öffnet sie die 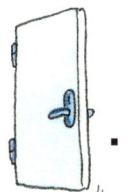 .

„Was ist denn hier los?", wundert

sie sich. Der  und der

stehen bei dem dicken  .

Ob es krank ist? Aber da entdeckt

Anna das  , das neben dem

 liegt. „Ist das süß!", rutscht es

Anna heraus. Da dreht sich der

zu ihr um.

„Komm ruhig her und sieh dir den  mal an!" Anna guckt erst ein

bisschen zu. Dann schnappt sie

sich einen der  und hilft dabei,

das  trocken zu reiben.

„Wie soll das   denn heißen?",

fragt der  . Der   überlegt.

Anna denkt an den weißen

auf der   des  .

„Wie wäre es mit Sterntaler?",

schlägt sie vor.

„Sterntaler klingt gut", freut sich

der  .

Das muss Anna sofort Papa

erzählen. Der wird  machen.

Die Wörter zu den Bildern:

 Hüpfball

 Gesicht

 Mähne

 Schenkel

 Reitlehrerin

 Bauch

 Hand

 Zügel

 Herz

 Sand

 Hose

 Kopf

 Pferd

 Butter

 Rakete

 Nase

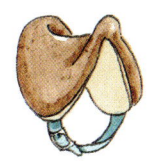 Sattel

 Indianer

  Ohren

 Rücken

 Stall

 Kamera

 Film

 Maul

 Wimpern

 Hut

 Augen

 Bauernhof

 Fell

 Pferde

 Flecken

 Mops

 Vogelscheuche

 Beine

 Tonne

 Fohlen

 Koffer

 Zwerg

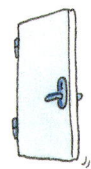 Tür

 Lappen

 Bauer

 Stern

 Tierarzt

 Stirn

Lea lernt reiten

Der Ausreißer

Lea besucht ihre Oma auf

dem  .

Gleich morgens ernten sie

im  leckere  .

„Lass das, du  !",

ruft Oma plötzlich.

Da sieht auch Lea das  .

Schwupps! – schon ist eine

in seinem  verschwunden.

Das  schnaubt zufrieden

durch die  und Lea

und Oma müssen lachen.

„Das Pony gehört  Vollmer",

sagt Oma zu Lea.

„Es reißt gerne von der 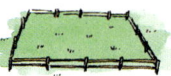 aus.

Damit könnte es in jedem

auftreten, denn es öffnet mit den

 den großen  am ."

„Wie heißt du denn?", fragt Lea

das  neugierig, als Oma

zum  geht, um

Vollmer zu holen.

Doch das  antwortet nicht.

Es knabbert lieber an Leas  .

Sanft streichelt Lea das  an

seiner  , bis Oma

mit  Vollmer kommt.

„Ihr beide versteht euch ja prima",

meint  Vollmer zu Lea.

Er hat für das  ein und

einen kurzen  mitgebracht.

„Möchtest du Fritz zum

führen?", bietet er Lea an.

„Ich zeige dir, wie man es macht."

Bitte nicht kitzeln!

Als Lea, 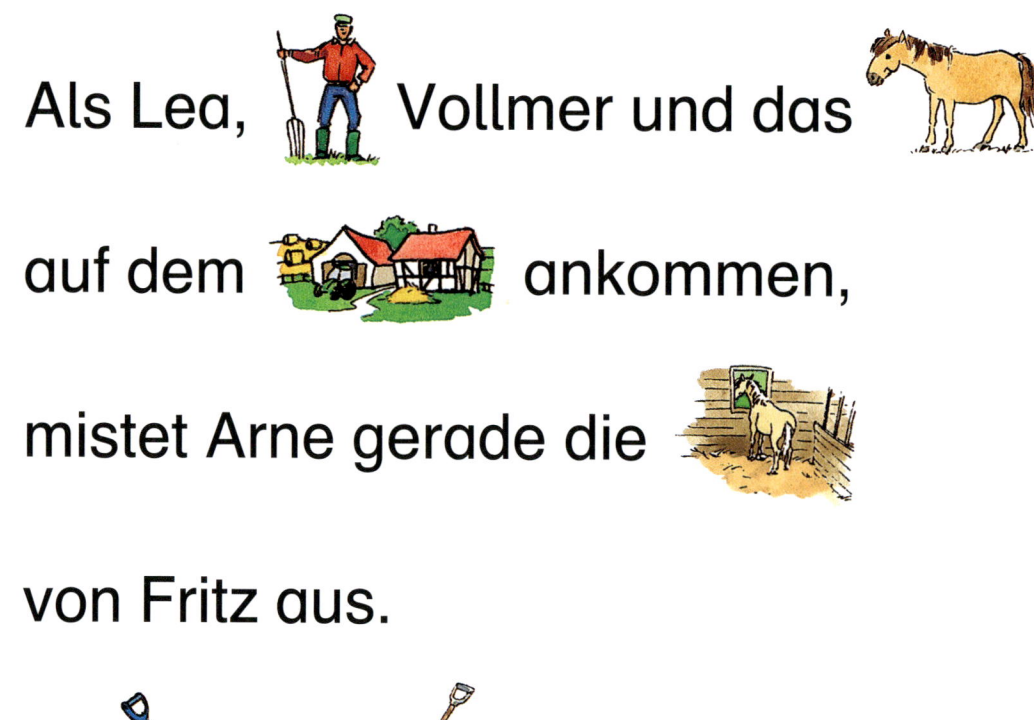 Vollmer und das auf dem ankommen,

mistet Arne gerade die

von Fritz aus.

Mit und lädt er

und nasses auf eine ,

die in der steht.

Danach füllt Arne neues  in

die  und Fritz schnuppert an

seinem frisch gemachten  .

In der  neben Fritz steht

noch ein  .

„Das ist Antje", sagt Arne zu Lea.

„Sie erwartet bald ein ,

darum ist ihr  so dick."

Während  Vollmer beginnt, die

 zu fegen, holt Arne den .

Er bindet Fritz vor der  an

und kratzt ihm mit einem

sorgfältig alle vier  aus.

Lea darf dem  mit der

und dem  das  putzen.

Als Lea dabei seinen  berührt,

schlägt Fritz mit dem  .

„Du bist ja kitzelig!", ruft Lea erstaunt.

„Und wie", sagt Arne. „Am  und

am  sind  empfindlich."

Lea kämmt mit dem  die

und Arne bürstet den  .

„Das  glänzt ja wie  ",

lobt  Vollmer, als er die

aus dem  zum  schiebt.

„Dafür darf Lea an der  reiten."

An der Longe

 Vollmer macht das  für

die  fertig.

Er zieht Fritz das  über,

legt ihm eine  auf den

und schnallt ihm einen  um.

„Bekommt Fritz denn keinen 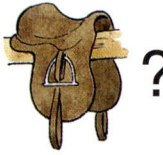 ?",

fragt Lea ein wenig beunruhigt.

„Ohne  und ohne lernst

du am besten, sicher auf

einem  zu sitzen", erklärt

ihr  Vollmer.

„Ist dir mulmig?", fragt Arne.

„Nicht die ", meint Lea tapfer.

In der  geht Fritz an der

langen . Immer im  um

Arne und  Vollmer herum. Lea

gefällt es auf dem breiten .

Doch dann schnalzt  Vollmer

mit der langen  und Fritz

beginnt zu traben.

Wie stark sein  plötzlich

schaukelt!

„Hupps! – gleich falle ich ins 🌱 !",

befürchtet Lea.

Sie ist sehr froh, dass Arne ihr

seine ⛑ geliehen hat.

Aber alles geht gut. Dann darf Lea

sogar mit Fritz galoppieren!

Arne beobachtet das  genau

– und plötzlich schwingt er sich

hinter Lea auf den  .

Als Arne seine  ausbreitet,

fühlt sich Lea wie im  .

Antjes Fohlen

Abends isst Lea bei Oma  ,

als es an der  klopft.

„Antje bekommt jetzt ihr  !",

erzählt Arne aufgeregt.

„Möchtest du zugucken, Lea?"

Natürlich läuft auch Oma mit

zum ![] hinüber.

Leise öffnet  Vollmer die  .

Antje wälzt sich unruhig im

und manchmal zittert ihr

dicker   .

Auch Fritz guckt aus seiner

neugierig zu, wie das

geboren wird. Zuerst sieht man

die  und dann erst die  .

Plumps! – landet es im  .

„Oh, ist das niedlich!", flüstert Lea.

Es dauert noch etwas, bis

das  auf seinen stehen

kann. Unbeholfen sucht es das

von Antje und saugt süße

aus den . Mmmh, lecker!

Die Wörter zu den Bildern:

 Dorf

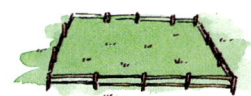 Weide

 Garten

 Zirkus

 Möhren

 Zähne

 Räuber

 Riegel

 Pferd

 Zaun

 Maul

 Bauernhof

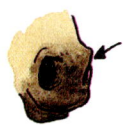 Nüstern

 Latzhose

 Bauer

 Fell

 Stirn

 Schubkarre

 Halfter

 Gasse

 Führstrick

 Bett

 Stall

 Fohlen

 Box

 Bauch

 Schaufel

 Putzkasten

 Heugabel

 Hufkratzer

 Pferdeäpfel

 Hufe

 Heu

 Kardätsche

 Striegel

 Reitbahn

 Schweif

 Zaumzeug

 Kopf

 Decke

 Pferde

 Rücken

 Mähnenkamm

 Bauchgurt

 Mähne

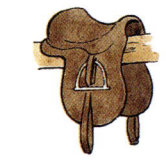 Sattel

 Gold

 Steigbügel

 Misthaufen

 Zügel

 Longe

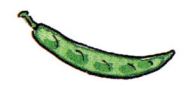 Bohne

 Kreis

 Stalltore

 Peitsche

 Beine

 Gras

 Schnauze

 Reitkappe

 Euter

 Arme

 Milch

 Salat

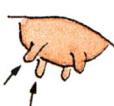 Zitzen

 Tür

Lesen lernen
mit Piraten und Schatzsuchern

Lesen lernen mit Piraten und Schatzsuchern
ISBN 978-3-8112-3506-9, 128 Seiten
€ 5,95 (D) / € 6,20 (A)

Piraten ahoi! Die unglaublichen Abenteuer von
verwegenen Seeräubern und tapferen Matrosen auf
wilden Fahrten über das Meer zu fernen Ufern und Inseln
sowie gefährlichen Überfällen bis zur Suche
nach einem geheimnisvollen Schatz.

In diesen Geschichten werden alle Hauptwörter durch
kleine Bilder ersetzt, sodass schon Kinder ab 5 Jahren
aktiv mitlesen und einen ersten Schritt zum
selbstständigen Lesen machen können.

gondolino